AF253479

DE LA FORCE

EN MATIÈRE

DE GOUVERNEMENT

A L'OCCASION

DES ÉVÉNEMENS DU 5 JUIN.

PAR L'AUTEUR

DE

L'ESPRIT DU MINISTÈRE, DEPUIS LE COMMENCEMENT DE LA RÉVOLUTION JUSQU'A NOS JOURS.

———

PRIX 50 CENT.

AU PROFIT DES ORPHELINS DE LA GARDE NATIONALE DE PARIS ET DE LA BANLIEUE.

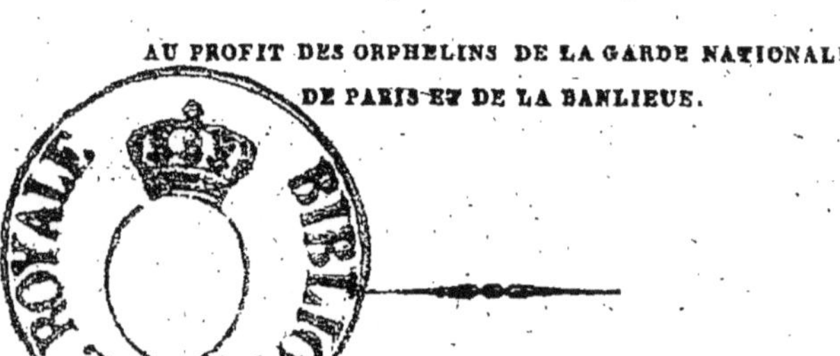

PARIS.

IMPRIMERIE DE DUCESSOIS,

QUAI DES AUGUSTINS, 55.

—

JUIN 1832.

siècles de barbarie, au temps de la facile conquête des Romains. C'est pour moi la non-existence politique.

Mais je conçois la France politiquement organisée, formant un tout et n'ayant qu'un même intérêt; la France forte de son gouvernement et acquérant dans le monde, par une succession de siècles, cette prépondérance qu'elle est exposée à perdre aujourd'hui.

Et pourquoi? parce que des partis obstinés s'efforcent de faire prévaloir des intérêts divers; parce que leur collision tend à détruire la force qui réside dans l'union; parce que cette union une fois détruite, nous redevenons ce qu'étaient les Gaules lors de l'invasion romaine. Dans une telle situation, l'irruption de l'ennemi dans l'Alsace ne toucherait pas plus la Vendée que l'irruption de César chez les Nerviens ne touchait, il y a dix-neuf cents ans, les habitans de la Celtique ou de l'Aquitaine.

Pourquoi encore, pourquoi, surtout, la France court-elle aujourd'hui de tels dangers? Parce que son gouvernement n'a ou ne croit pas avoir la force nécessaire pour comprimer les partis qui l'agitent.

Aux temps de civilisation comme aux temps de

barbarie, la force est tout ou presque tout, dans les gouvernemens comme ailleurs. Seulement, son emploi demande des modifications.

Un gouvernement fort, avec des imperfections, marche; le gouvernement le plus parfait ne saurait marcher s'il est entaché de faiblesse.

Les peuples ne respectent que médiocrement ce qui est bon, car ils ne l'apprécient pas; ils respectent bien davantage ce qui est fort, car ils le craignent.

Et quand même, à proprement parler, ils ne craindraient pas, la force morale et la force physique exercent sur les esprits une sorte d'empire qu'aucune époque de civilisation ne verra diminuer.

A cet égard, les aphorismes philosophiques ne signifient rien. En dépit de tout ce qui s'appelle sagesse, équité, vertu; en dépit même du complet développement du libéralisme le plus outré, Hercule et Napoléon seront toujours des dieux pour la foule.

En faut-il conclure qu'en fait de gouvernement, ce qui est moins bon et plus fort vaut mieux que ce qui a moins de force et plus de bonté? Je le crois, tel est mon avis.

Et qu'on ne pense pas qu'en parlant ainsi, je me

fasse l'apôtre du servilisme. Dieu m'en garde! je démentirais ma vie, et me ferais cent fois honte à moi-même.

Je prêche la force, parce que je n'ai vu que faiblesse.

Je prêche la force, parce qu'elle seule peut rendre à la France son ancienne attitude, et restituer à son gouvernement la vénération du pays, en même temps que le respect de l'étranger.

Bref, je prêche, non la force qui opprime, mais la force qui impose et qui contient.

Quittons les généralités, et cherchons, dans les faits, l'application de cette simple doctrine.

Le gouvernement du 9 août ne pouvait espérer de marcher sans entraves ; il ne devait pas penser que des vœux unanimes l'accompagneraient dans sa route ; que les carlistes ne regretteraient rien ; que les républicains n'espéreraient plus ; que les ambitieux de tous les partis se tiendraient coi ; que les provinces fanatisées de père en fils ne remueraient pas ; enfin, que la lie de la population ne serait plus à la dévotion des agitateurs en état de la soudoyer. S'il l'a cru, il s'est trompé comme un enfant.

Ici, je sens encore la nécessité de justifier mes paroles; nous vivons dans un temps où le sens des mots est facilement perverti.

En parlant de la lie de la population, je ne prétends pas insulter ce peuple dont je fais partie, ce peuple qui a fait la révolution de juillet ou qui y a applaudi. Je parle des vagabonds, des bandits, des hommes en hostilité permanente contre les lois, en un mot, du peuple des émeutes; or, la révolution de juillet ne fut pas une émeute.

Le gouvernement, donc, s'est trompé.

Car, d'un côté, les partisans du régime déchu, revenus de leur étourdissement, ont compris tout l'avantage qu'ils pouvaient tirer des demi-mesures sur lesquelles s'appuyait la soudaine révolution de juillet. Ils ont vu, ou cru voir, que le gouvernement nouveau n'était pas sûr de son fait; que sa douceur et sa longanimité envers les carlistes était de l'hésitation et de la peur; et, peu à peu, le carlisme a levé la tête; il a compté les fonctionnaires publics, et a retrouvé parmi eux beaucoup de ses adhérens; il a promené ses regards sur les provinces de l'Ouest et du Midi, et il a reconnu qu'il était facile d'y faire de nouveau fermenter les germes de guerre civile, à l'aide du fanatisme et de l'ignorance héréditaires. Dès-lors, on a intrigué, calomnié, soudoyé, et bientôt de pieux partisans se sont remis à chouanner, piller, brûler, assassiner, le tout pour la plus grande gloire de Dieu et des Bourbons déchus.

D'un autre côté, les partisans des utopies républicaines ont vu leurs espérances déçues. Ils avaient cru qu'à la suite d'une révolution, ouvrage du peuple, tout se ferait, non-seulement *pour* le peuple, ce qui est d'éternelle justice, mais encore *par* le peuple, ce qui n'est ni juste ni possible. Je parle ici des républicains purs, s'il y en a, qui sans doute ne veulent rien que la petite portion de terre qui leur échoirait en vertu de la loi agraire; mais il faut les distinguer des républicains de haut bord, avides des emplois de la république, qui prétendent que tout n'ira bien que quand ils seront mis en qualité d'édiles ou de censeurs à la place des préfets et des ministres, et qui laisseraient alors bien loin sous leurs pieds, ce peuple sur les épaules duquel ils se seraient élevés. Ceux-là ont jeté leur dévolu sur la jeunesse qui se croit si vieille, et sur les masses populaires disposées de tout temps à convenir que l'inégalité des fortunes est chose contre nature. Ces élémens de républicanisme ont été exploités sans relâche; le plan a été taillé sur le même patron que celui des carlistes : on a eu recours à l'intrigue, à la calomnie, aux provocations séditieuses appuyées ou non d'un argent corrupteur; enfin, on a exploité l'émeute, spéculé sur les coups de crosse et les coups de baïonnette, au saint nom de la liberté.

Et ce qu'il y a de plus déplorable, c'est l'alliance monstrueuse, quoique passagère, de deux partis diamétralement opposés dans leur but, pour attaquer un gouvernement qui a le tort d'être ce qu'on l'a fait, un gouvernement constitutionnel qui n'est ni la monarchie absolue, ni la démocratie pure!

Je ne dirai qu'un mot d'un troisième parti qui, par son peu d'importance, mérite à peine d'être mentionné. Il se compose de ceux qui par la magie d'anciens souvenirs, ou par le regret d'anciens avantages, songent à Napoléon II. Ceux-là sont un peu moins compréhensibles que les autres; ils crient : « Vive la liberté » au pied de la colonne, au souvenir du plus puissant ennemi qu'ait eu la liberté depuis 1789 ; ils sont en même temps nationaux et anti-nationaux; ils préconisent la gloire que le grand homme sut répandre sur le pays, et ils ne craignent pas d'appeler sur le pays l'influence autrichienne.

Disons, cependant, malgré le peu de consistance qu'offre ce parti, que la population des campagnes, comme celle de nos faubourgs est, en grande majorité, sous l'empire de ces glorieux souvenirs. Les habitans des hameaux et toute la classe ouvrière admirent très-peu nos profonds débats au sujet de la Charte, nos sublimes efforts pour ou contre la liberté de la presse; mais, ils admirent et admireront long-temps Napoléon.

C'est que Napoléon était l'homme fort.

Revenons :

Voilà donc un gouvernement entouré d'ennemis acharnés, dont le nombre s'est accru sans cesse au lieu de diminuer; et cela, parce que ce gouvernement a eu pour système de les lasser par la patience, de les gagner par la douceur, ou bien parce qu'il n'avait réellement pas la force de les dominer.

Napoléon eut aussi à lutter contre les républicains et les royalistes; il mit un pied sur chaque parti; et la France s'en trouva bien, jusqu'à ce que l'abus de cette même force contre l'étranger eût amené, plus tard, des représailles si funestes.

Sans doute, ce n'est point l'arbitraire que demandent les gens sages d'aucun parti, pour remédier aux inconvéniens de la liberté; mais ils demandent, surtout en temps de crise, la force légale, la stricte exécution des lois existantes, ou bien, des lois nouvelles si les anciennes, devenues trop faibles, ne suffisent plus.

C'est un bien vieil adage, mais d'une éternelle vérité, que celui-ci : La faiblesse engendre le mépris.

Le mépris fait plus de mal à un gouvernement que la haine.

Ce n'est pas toujours sa faute quand on le hait ; car les partisans d'un gouvernement tombé haïssent, bon ou mauvais, le gouvernement qui a surgi.

Mais c'est toujours sa faute quand on le méprise.

Le gouvernement du 9 août, par la révision de la Charte, s'est lié les mains d'une manière plus serrée que le gouvernement précédent. Les articles 7, 54 et 69 lui ont presque ôté la possibilité, en cas de lutte, de rester le maître. Et pourtant, le gouvernement précédent, qui n'était pas soumis aux rigoureuses conséquences de ces trois articles, n'a pu résister aux agressions dont il a été l'objet.

Il est tombé moins par la haine que par le mépris. J'entends que les attaques réitérées de la presse, usant et abusant de la liberté ; les injures quotidiennes prodiguées sans mesure au ministère Polignac, depuis sa naissance jusqu'à sa mort ; j'entends, dis-je, que ce système continu de dénigrement et de contemption a causé sa chute plus qu'aucun acte bien positif capable de soulever l'indignation publique. Les ordonnances de juillet étaient assurément dans ce cas; mais la dose de mépris qui les avait précédées était si grande, qu'il ne fallait plus qu'une occasion pour amener le renversement d'un gouvernement vilipendé. Arrivé à ce point, un rassemblement tumultueux, quel qu'il fût, contre lequel on eût fait agir la force armée, aurait eu le même résultat que les ordonnances de juillet.

Mais ce même gouvernement, j'ose l'affirmer, tout coupable qu'il pût être envers les libertés publiques qu'il combattait par principe, aurait duré long-temps encore s'il ne se fût laissé souiller par les premières insultes. Si les lois répressives avaient été appliquées dans toute leur sévérité à ceux qui, les premiers, jetèrent à l'autorité de la boue au lieu de lui donner des avis salutaires, d'autres ne se seraient pas alors enhardis jusqu'à la couvrir des plus sales ordures.

Je ne prétends pas établir des théories; je m'applique à constater des faits, et à en tirer les conséquences.

Or, il est de fait que, sous un régime représentatif, c'est aux représentans de la nation qu'appartient la mission de corriger le gouvernement, pour mieux dire, la portion de gouvernement qui constitue le pouvoir exécutif. Il est de fait que les particuliers ont aussi le droit de l'éclairer par la manifestation franche et énergique de leurs opinions; mais il est également vrai que nul n'a le droit de couvrir d'ignominie le gouvernement de son pays, d'appeler sur lui le mépris et la haine, et qu'un gouvernement se perd quand il le souffre, s'il a des voies légales pour l'empêcher.

S'il n'a pas ces voies légales, il est perdu d'avance ; à moins qu'il n'ait assez de force, et en même temps assez de sagesse, pour se jeter dans la route de l'arbitraire.

Quand le gouvernement de Charles X l'a voulu, il n'était plus temps; il n'avait plus ni force ni dignité. Mais ce n'est pas du gouvernement de Charles X qu'il s'agit; c'est de celui de Louis-Philippe.

L'art. 7 de la Charte de 1830, qui maintient aux Français le droit de publier et de faire imprimer leurs opinions, en se conformant aux lois, ordonne que *la censure ne pourra jamais être rétablie.*

L'art. 54 ordonne qu'*il ne pourra être créé de commissions et tribunaux extraordinaires, à quelque titre et sous quelque dénomination que ce puisse être.*

Enfin, d'après l'art. 69, *l'application du jury* doit être faite *aux délits de la presse et aux délits politiques.*

Voyons d'abord la conséquence *possible* de cet ordre de choses.

Il est *possible* que la presse abuse de la liberté absolue que lui ont donnée ces articles de la nouvelle Charte; que des journaux, ennemis du gouvernement par intérêt ou par conviction, lui enlèvent, à force d'adresse et de persévérance, l'affection de tous; que les jurés partageant cette désaffection générale, ne voient plus rien de répréhensible dans ce que la loi qualifie délits de la presse et délits politiques, et que, par conséquent, ils absolvent quiconque écrira qu'il faut renverser le gouvernement, quiconque tentera même de le renverser.

Certes, voilà un gouvernement bien en sûreté !

Tâchons, maintenant, de voir la situation *réelle* des choses sous ces mêmes rapports.

La liberté absolue de la presse, et la certitude que la censure ne pourra *jamais* être rétablie, sont exploitées largement par tous les partis. Le carlisme publie qu'il faut que Henri V revienne; les républicains impriment qu'il nous faut la république; les anarchistes proclament sur les bornes qu'il leur faut le pillage. Des faits, j'en pourrais citer mille, sans parler de ce qui se passe aujourd'hui…; mais je ne suis point procureur du roi, et je ne dresse point de réquisitoires.

Je me bornerai à indiquer en traits généraux, dont chacun pourra reconnaître la justesse, tant les faits sont notoires, le débordement actuel de la presse, qui ne tend à rien moins qu'à détruire tout respect pour l'ordre de choses établi, saper le gouvernement, appeler à la révolte et pousser à l'assassinat.

Parmi les journaux et pamphlets publiés dans un but hostile, et ils sont nombreux, les uns travaillent gravement à tout bouleverser; ce sont les rhéteurs, les argumentateurs, les fausseurs de bon sens et de vérité, pour qui rien, du gouvernement, n'est et ne sera bien, dont les larges colonnes cernent de toute part un corps politique déjà affaibli, et le pressent chaque jour davantage jusqu'à ce qu'ils l'aient étouffé tout à fait.

Les autres, armés à la légère, travaillent à l'œuvre de destruction par le sarcasme, la dérision, l'insolente satire. Pour ceux-là, ni raison ni raisonnement; leur mission est d'affubler le pouvoir, en toute circonstance, de l'habit le plus ridicule qui se puisse imaginer, et de l'exposer, ainsi fait, à la risée du beau monde.

D'autres encore, tartuffes politiques du plus bas étage, dignes émules du Basile si bien peint par Beaumarchais, suivent ignoblement leurs projets coupables. Ceux-là sont les calomniateurs par état; les empoisonneurs moraux, les orduriers, les pétrisseurs de fange, dont ils souillent tout ce que la loi commande de respecter, pour le livrer ensuite aux huées de la populace.

Il n'est pas jusqu'aux représentations réelles ou peintes, qui ne concourent, en toute liberté, à jeter le gouvernement dans le mépris. Les mascarades avec lesquelles on bouleverse toute une cité, je ne les rappellerai qu'en passant; elles sont dans un autre ordre de choses. Mais les caricatures politiques, fruits presque imprévus de la liberté de la presse, ces croquis si plaisans quand ils sont justes et spirituels, si repoussans, quand ils n'ont pour base que l'injustice et de criminelles intentions, quelle part faut-il leur faire dans cette œuvre méritoire? Qui ne se souvient avec horreur et dégoût d'en avoir vu, publiquement exposées, qui, non contentes du ridicule jeté à pleines mains sur un personnage que la Charte déclare inviolable et sacré, font ouvertement appel au couteau de l'assassin?

Je ne demande point de têtes.... je demande seulement quelles peines ont été prononcées pour de tels méfaits, et quelles garanties la loi nous a données que les scandales causés par les deux presses cesseront ; je le demande , surtout , quand je vois de ridicules amendes payées par les souscriptions volontaires d'hommes qui , en faisant enregistrer dans les journaux le don d'un franc, se désignent ainsi : *Un ennemi juré des rois; Le même sort que son père l'attend*, etc. , etc.

Est-ce la faute de la loi ou de ceux qui l'appliquent, si de semblables provocations se multiplient impunément ?

Quant aux tentatives réelles, aux rebellions flagrantes, aux complots républicains ou carlistes, à la hideuse réapparition du bonnet rouge, à celle du drapeau taché par Holyrood, aux incendies, aux brigandages, aux assassinats vendéens, je le demanderai encore, est-ce la faute de la loi ou de ceux qui l'appliquent, si de salutaires rigueurs n'ont pas mis fin à un état de choses qui fait la honte et, à la longue, doit faire la perte de tout gouvernement.

Si c'est la faute de la loi , refaites-la; si c'est la faute de ceux qui l'appliquent, jury ou juges ordinaires, refaites-la encore ; car elle a le tort , telle qu'elle est, de ne servir à rien.

L'insulte veut châtiment , en temps de calme comme en temps de crise ; mais, en temps de crise surtout , le sang veut du sang : la clémence, alors, n'est que faiblesse. Bonaparte a dit que c'était niaiserie.

Voilà de ces choses qu'on n'ose plus écrire depuis que des cannibales de 93 les ont mises en pratique ; mais, tout est dans l'intention, dans les circonstances ; et ce que je dis là, c'est la loi , c'est la morale publique qui le disent.

Que veut d'ailleurs le gouvernement, et que doit-il vouloir ? gouverner ou être gouverné ?

S'il veut gouverner , qu'il soit fort et qu'il ne souffre pas le mépris ; car , encore une fois, le mépris est pour lui chose plus funeste que la haine et les attaques à force ouverte.

Ne pas souffrir le mépris mérité, c'est son affaire. Dieu me garde, en ce cas, de lui donner secours ; encore le ferais-je , si, dans la balance, la somme du bien l'emportait sur celle du mal.

Mais le mépris non mérité, c'est contre celui-là que je voudrais le prémunir , au lieu de l'y voir livré pieds et poings liés.

Mon but n'est pas d'examiner si le gouvernement de Louis-Philippe a fait des fautes, et quelles sont ces fautes; encore moins d'entreprendre de les justifier; mon but a une plus haute portée : c'est d'établir, non-seulement à l'égard du pouvoir actuel, mais à l'égard de tout pouvoir légalement constitué, non-seulement aujourd'hui, mais à toujours, qu'un gouvernement doit être assez fort pour marcher, soit qu'il fasse des fautes, soit qu'il n'en fasse pas; attendu que, pour remédier au mal, la première condition c'est d'exister.

Et qu'on fasse attention qu'en disant fautes je ne dis pas crimes; car, dans ce dernier cas, je veux qu'un gouvernement meure comme tout criminel. Je ne suis pas pour l'abolition de la peine de mort.

Mais, je dis et répète qu'un gouvernement, pour être bon, doit d'abord être fort, parce qu'aucun bien ne se fait sans entrave; qu'il ne s'agit pas de faire le bien pour acquérir de la force, mais d'être fort pour faire ensuite le bien; enfin, qu'il faut qu'un gouvernement soit fort, non-seulement pour atteindre au bien qu'il se propose, mais aussi pour résister aux conséquences des fautes qu'il peut commettre; car il ne faut pas que, pour avoir failli, un gouvernement puisse être renversé : subversion n'est pas remède.

Soyez donc fort; en fait de gouvernement, c'est la panacée universelle.

Aucun système n'exclut la force; l'arbitraire en a besoin pour faire du bon-plaisir; l'ordre légal en a besoin pour faire respecter la légalité.

Nous sommes assurément dans l'ordre légal. C'est déjà beaucoup de pouvoir l'affirmer, sans examiner si nous sommes, à cet égard, près ou loin de la perfection.

Mais ce n'est point assez que cet ordre légal pour ceux qui rêvent sans cesse des utopies, pour ceux qui, jetés par leurs passions ou leurs intérêts aux deux extrémités de la chaîne politique, l'absolutisme monarchique et la démocratie pure, voient avec répugnance tout état intermédiaire.

Et à quels dédains, vrais ou simulés, n'est pas exposé tout ordre de choses qui tend à s'éloigner des extrêmes! L'animadversion atteint, des deux côtés, quiconque cherche le point milieu. Nous en faisons depuis un an la triste expérience, et nous voyons flétrir, par une dénomination qu'on a réussi à rendre injurieuse, tous les efforts de la modération et de la sagesse.

Je connais l'immense influence du ridicule; je sais tout son poids, surtout en France, dans les discussions les plus graves; mais je sais aussi qu'il ne change pas la nature des choses; et j'ai beau chercher à me pénétrer de l'esprit des doctrines actuelles qu'on prétend opposer victorieusement à d'autres, je veux qu'on m'enferme comme fou si, dans tous les temps et chez tous les peuples, la raison n'a pas toujours résidé au point également distant, entre les exagérations les plus dissemblables.

Medio stat virtus; ce n'est point un vain adage. Il n'y a pas que blanc et noir, feu et glace, audace et pusillanimité, licence et servitude....

Je me moque de ceux qui croient, ou feignent de croire, qu'il n'y a rien de bon entre ces extrêmes, et qu'entre servitude et licence on ne trouve pas le mot sacré de LIBERTÉ.

Mais que, du moins, le gouvernement se maintienne avec fermeté dans la position qu'il a prise! Se mettre entre deux pour recevoir les coups de deux partis adverses, c'est folie. S'interposer afin d'étouffer la discorde; empêcher les empiétemens de l'opposition, quelle que soit sa couleur; assurer le triomphe des lois; garantir la liberté des excès qui la ruinent; non-seulement c'est œuvre sage, mais aussi c'est œuvre forte.

Il faut, aujourd'hui surtout, plus de force pour suivre cette voie que pour se jeter à droite ou à gauche, et faire de la légitimité ou de l'anarchie.

Je ne veux point le retour du gouvernement déchu; désormais, il ne peut rien pour le bonheur de la France. Dût la tranquillité renaître un jour, il faudrait revoir d'abord, la honte au front, la rentrée d'une famille de rois ennemie née des libertés publiques, et à l'expulsion de laquelle la généralité des Français a travaillé ou applaudi. Il n'y a point de bonheur possible avec la honte.

Je ne veux pas non plus de la république; encore moins de l'anarchie. Je ne consens point du tout à être gouverné par mon voisin le clerc du palais, ou par mon autre voisin le commis marchand. Si nous en venons-là, je prétends bien aussi gouverner moi-même,.... et alors, comment nous entendre?

L'anarchie des intelligences nous a conduits aux excès de 93. Je ne suis pas de ceux qui font honneur au siècle des lumières d'un changement bien notable dans les mœurs du peuple. Les 27, 28 et 29 juillet ont été des jours d'enthousiasme et d'héroïsme; mais les sanglantes hécatombes républicaines avaient été précédées aussi, il y a quarante ans, par des journées d'enthousiasme où toutes les vertus civiques semblaient s'être emparées de tous

les cœurs.... Je ne crois point à la perfectibilité hu‑
maine, du moins, avec l'extension qu'on lui donne.

« Où nous mènerait aujourd'hui cet impétueux dé‑
» lire de tant d'ambitions mécontentes, cette anar‑
» chie de tant de volontés cupides? En 89, nous
» étions unis, purs, désintéressés, nous avions foi.
» Nous voici maintenant divisés, avides, égoïstes,
» athées politiques. Faites de la république avec
» cela! »

Voilà, ou à peu près, ce que disait Bonaparte au
moment où il sentit la nécessité de se faire consul‑
roi. Depuis lors, cela est devenu encore plus vrai.

Il ajoutait : « Il faut maintenant un pouvoir fort,
qui se fasse respecter, à qui l'on apprenne à obéir. »
C'est ce que j'ai dit en vingt pages, avec cette diffé‑
rence que Bonaparte parlait de lui, et que je parle
de la loi.

La loi est tout, au dire de chacun; et personne
ne veut respecter la loi. On se croit permis, dans
l'intérêt de son ambition ou de ses préférences po‑
litiques, d'attaquer par toutes les voies l'ordre de
choses établi; comme s'il était possible, dans la po‑
sition compliquée où nous ont mis quarante ans de
révolution, d'amener un ordre de choses propre à
satisfaire tout le monde!

Il faut le dire : l'étude des matières politiques, le développement des intelligences dans la classe moyenne de la société, et les ambitions individuelles qui en devaient naturellement résulter, sont désormais un obstacle à la tranquillité des états, abstraction faite des partis tranchés qui mènent à leur suite des adhérens plus ou moins nombreux.

Quand quelques milliers d'hommes sont aptes par leurs lumières à prendre part, dans un degré plus ou moins élevé, aux affaires publiques, comment voulez-vous qu'ils se résolvent à un rôle passif, sans envier les quelques centaines d'emplois auxquels ils peuvent prétendre?

Aussi, nous avons cent prétendans pour chaque emploi, tous disposés à agir à peu près comme font des prétendans au trône, c'est-à-dire, à cabaler éternellement pour y arriver; à moins qu'une organisation forte n'impose silence aux ambitions non satisfaites, et ne leur ôte la faculté de troubler l'ordre.

C'est une chimère de croire maintenant à la possibilité, soit d'un gouvernement de principes, soit d'un gouvernement d'hommes, susceptible de satisfaire l'universalité de la France. Le gouvernement de 1830 ne saurait satisfaire les légitimistes ni les républicains; le gouvernement de Charles X ou d'Henri V ne saurait satisfaire les républicains ni les royalistes de 1830 ; la république ne saurait satisfaire ces derniers, non plus que les légitimistes ; enfin, aucun système ne saurait contenter tous ces hommes qui se croient des droits aux emplois publics parce qu'ils les ambitionnent, et qui n'y arriveront pas, par la raison que la France ne peut avoir à la fois cent ministres et vingt mille préfets.

Il faut donc retourner à mon éternel refrain : un gouvernement fort, qui s'appuie sur les lois pour se faire respecter, et qui étouffe d'une main puissante tout ce qui tend à entraver sa marche.

A part les intérêts de partis, il faudrait être aveugle pour ne pas voir que les ambitions individuelles sont la source de ce déchaînement contre tout gouvernement établi, de ce système de dénigrement qui n'a pour but que de renverser ce qui s'est élevé, afin de s'élever à son tour.

L'article de nos constitutions, en vertu duquel « les Français sont tous également admissibles aux emplois », a certainement posé un principe d'éternelle justice. Mais les législateurs étaient loin de prévoir qu'un jour la simple expression de ce principe serait transformée en un appel au combat le plus opiniâtre entre tous les hommes de talent et de capacité, lesquels en viendraient au point, dans leur lutte ambitieuse, de ne plus voir que leur intérêt propre au lieu de l'intérêt de la chose publique.

Demandez à tel qui n'a pu réussir à être ministre de Louis-Philippe, s'il consentirait à être ministre de la république; et vous verrez si je mens.

Examinez ce qui se passe à l'égard de quiconque arrive au pouvoir :

L'homme qui s'est le plus honoré dans la carrière qu'il a suivie, et que des vœux nombreux ou unanimes ont appelé aux affaires, perd sa popularité dès qu'il accepte.

Le publiciste qui, depuis quinze ans, a combattu pour les libertés publiques, et s'est acquis l'estime de ses concitoyens dans les rangs de l'opposition libérale ;

Le magistrat qui, sous divers régimes, a rendu la justice d'une manière ferme et intègre ;

Le guerrier qui, sous la république et l'empire s'est couvert de gloire, et a été doté par Napoléon d'un surnom qui rappelle l'un des faits les plus mémorables de nos armes ;

Le citoyen, quel qu'il soit, qui, depuis 1830, a surgi par son talent et son patriotisme ;

Tous, encensés et portés d'avance aux nues par

l'esprit d'opposition, sont dépopularisés tour à tour et jetés au rebut dès qu'ils sont appelés, du sein de la foule, pour être placés plus ou moins haut dans le gouvernement.

C'est ainsi que les ambitions de tous les étages, non satisfaites, agissent envers les illustrations qui consentent à s'imposer un joug qui, pour être doré, n'en est pas moins rude et pesant. C'est ainsi que des hommes se disant les organes de l'opinion, bien que leur métier avoué soit, au contraire, de l'influencer, se servent de la presse pour déconsidérer tout homme qui, par son talent et son génie, devient quelque chose dans l'état ; c'est ainsi qu'on arrive, par un système de dénigrement et d'outrages périodiques, à faire oublier ses anciens titres à l'estime publique, à empoisonner sa vie, à l'abreuver, sans paix ni trève, de dégoûts et d'angoisses, dût la mort s'ensuivre... Heureux encore si son cercueil n'est pas traîné dans la fange après qu'on y a traîné son nom.

Placez à la tête des affaires le plus honnête homme et le plus capable, soit parmi les républicains, soit parmi les royalistes de 1830 ; figurez-vous même, si tel est votre bon plaisir, l'homme d'état le plus estimable du parti légitimiste ; je ne donne à l'un ni à l'autre huit jours de popularité. J'ai déjà dit pourquoi.

Comment prétendre, avec ces élémens d'agitation perpétuelle, avec une foule de capacités remuantes et ambitieuses, dont pas une ne veut céder le pas, déterminée qu'elle est à combattre tout ce qui lui barre le chemin des hauts emplois; comment prétendre, dis-je, à gouverner et à ramener en France la prospérité inséparable d'une situation paisible? Nous ne sommes plus aux temps où un citoyen qui échouait dans sa candidature, se félicitait, en rentrant sous son humble toit, « de ce qu'il s'était trouvé un homme plus digne que lui de servir la république. »

Le respect, volontaire ou forcé, pour les lois et pour l'ordre de choses établi, est le seul remède à cette collision funeste qui tend à se perpétuer indéfiniment.

Certes, l'état social est bien malade en France. La religion est morte; la morale publique, reflet nécessaire des mœurs privées, va se dégradant chaque jour; la littérature de livres et de théâtre n'est plus qu'une corruption; enfin, de même que nous n'avons plus de croyances religieuses, nous avons perdu toute croyance politique, tout respect pour les principes conservateurs, seule sauvegarde des états.

Nous voilà donc réduits, en politique comme en religion, au matérialisme pur. Tant mieux ! s'écrient ceux qui se croient esprits forts. Eh bien ! qu'ils sachent donc, chose capable d'ébranler les plus intrépides dans leurs fausses théories, qu'ils sachent que les intérêts matériels, les seuls qu'ils reconnaissent, sont aujourd'hui, abstraction faite de toutes formes gouvernementales, compromis autant que tout le reste par notre système industriel et commercial !

Que nous restera-t-il donc ?

L'ancien système des corporations et maîtrises, avant 1789, fondé sur le privilége, était injuste, immoral, restrictif des progrès de l'industrie. Par lui, une masse innombrable d'hommes qui eussent été producteurs, était condamnée à l'inaction et à la misère.

Le système de la concurrence, fondé sur la justice et la liberté, semblait ne pouvoir jamais donner que des résultats profitables, et devoir assurer le bien-être de tout industriel, en même temps qu'il conduirait au perfectionnement de l'industrie et étendrait les relations de commerce.

La moitié seulement de ces espérances s'est réa-
lisée. Les progrès ont été grands, il est vrai ; mais
ils n'ont profité que temporairement aux inven-
teurs. La masse des industriels, en concurrence
continuelle avec elle-même, soit pour la fabrica-
tion soit pour le débit, a vu successivement, et à
mesure du perfectionnement des machines, bais-
ser ses prix jusqu'à un taux qui ne permet plus de
payer ni la matière ni la main-d'œuvre ce qu'elles
valent. Bien plus, cette même concurrence, état
d'hostilité permanent, a eu pour effet nécessaire de
réduire à l'inactivité une foule de travailleurs dont
les efforts ont été neutralisés par la lutte, et dont
la ruine a été le principal élément de quelques pros-
pérités particulières.

Ce système a donc amené, sans qu'on ait su le
prévoir et par des causes différentes, les mêmes
résultats que celui des maîtrises : l'enrichissement
d'un petit nombre d'industriels, et l'inactivité forcée d'une innombrable quantité de bras.

La France n'est pas uniquement agricole. Les
propriétés territoriales ne sont la source que d'une
partie des fortunes ; et, d'ailleurs, les bras perdus
pour l'industrie ne profiteront pas à l'agriculture.

En vain prétendrait-on lutter encore pour prouver que l'excessif abaissement des prix résultant de la concurrence est profitable aux consommateurs. Les consommateurs se composent 1° des travailleurs, qui n'achètent à vil prix qu'avec la condition forcée de vendre à vil prix eux-mêmes ; 2° des capitalistes qui, par compensation du bon marché qu'ils obtiennent, souffrent journellement des faillites auxquelles sont entraînés les industriels qui manient leurs capitaux, et qui se ruinent forcément en vendant à perte ou en ne vendant pas du tout ; 3° enfin des rentiers et des salariés de l'état qui, pour prix également du bon marché dont ils jouissent, sont menacés plus ou moins prochainement d'une réduction que l'amoindrissement de la fortune publique rendra un jour ou l'autre inévitable, par suite du non recouvrement d'une partie des impôts.

Le système industriel actuel, qui doit être la source ou la garantie de toute fortune, sur lequel, en un mot, reposent les intérêts matériels, est donc vicieux et doit amener une ruine totale, à moins qu'une autre combinaison, habilement ajoutée à la libre concurrence, ne vienne rassurer la base des existences compromises, et rendre la sécurité aux travailleurs et aux capitalistes.

Il n'entre pas dans mon plan de parler des pro-

jets divers des économistes pour remédier à un tel
état de choses : de l'équilibre de la production et de
la consommation, des échanges, des associations d'industries diverses ou d'industries similaires, des relations de commerce à l'intérieur ou avec l'étranger.

Mon but est seulement de montrer, comme je l'ai
dit, que notre organisation sociale est viciée dans
toutes ses parties ; que les intérêts moraux, politiques et industriels sont en souffrance ; que le renversement des principes conservateurs des états, le
développement des ambitions particulières, l'ap-
pauvrissement graduel de la classe industrielle, sont
des causes de perturbation constante qui rendent
tout gouvernement difficile, pour ne pas dire im-
possible, que ce soit monarchie ou république.
Enfin, qu'en attendant un mieux qui ne peut résulter que d'institutions plus robustes et plus appro-
priées à notre situation présente, le seul parti à
prendre est de conserver par la force, puisqu'elle
est nécessaire, au lieu de laisser détruire par faiblesse
et par inertie.

Quelle garantie aurions-nous, dans ce cas, d'une
réédification meilleure? L'amélioration lente ou in-
complète vaut mieux, assurément, qu'une destruction qui, dans des circonstances données, peut
devenir un anéantissement complet.....................

Dans cet écrit, commencé au bruit sourd des menaces, et achevé à l'horrible fracas d'une guerre civile, je n'ai pas prétendu tout expliquer. Ce n'est point un livre. La politique se fait aujourd'hui dans les journaux, et non dans des traités que personne n'aurait le temps de lire.

J'ai procédé par phrases concises et, autant que je l'ai pu, logiquement enchaînées, sans développemens, transitions ni coutures. Cela suffit aux intelligences fortes.

Par les mêmes motifs, je n'ai voulu m'étendre sur les fautes qu'a pu commettre le gouvernement, ni sur les agressions auxquelles il est en butte. C'est une triste et douloureuse histoire qui, d'ailleurs, n'est pas achevée, et se continue aujourd'hui en lettres de sang...

Ceux qui me connaissent pourront m'accuser d'avoir varié depuis l'époque où, plaidant contre le pouvoir, en faveur des libertés publiques, dans un écrit sur l'*Esprit du ministère depuis le commencement de la révolution jusqu'à nos jours* (1818), j'exaltais le peuple et la rectitude de son jugement dans le discernement de ce qui lui est bon et de ce qui lui est mauvais. Alors, j'étais presqu'un enfant, je voyais tout à travers le prisme de la jeunesse, et je n'étais pas encore bien convaincu , malgré les sanglans récits de 93 , que la liberté tue , prise à trop grande dose. Je n'ai varié que dans la mesure.

Plus tard encore, et je ne m'en repents pas , je combattais pour cette liberté de la presse à laquelle j'adresse aujourd'hui des reproches , en confiant à un illustre transfuge la mission de défendre à la chambre des pairs une humble requête, également rendue publique : *Observations neuves sur les articles 1 , 2 et 14 du projet de loi sur la police de la presse* (projet du ministre Peyronnet). En ce temps-là , Châteaubriand , tout entier à la nation, crachant le sang à chaque effort de parole, n'en était pas moins prêt , à toute heure , à défendre nos libertés !... Il faut que d'autres lui succèdent , sinon par le talent , du moins par les efforts ; et, aujourd'hui , le seul moyen de défendre la liberté , c'est d'en attaquer les excès.

Attendra-t-on de moi qu'après avoir mis les plaies à nu j'apporte le remède ?

Que puis-je faire? sinon d'indiquer brièvement, pour ceux qui comprennent , les moyens d'atténuer un mal qui ne peut être entièrement guéri.

La force, la force légale, ce n'est là qu'un principe ; ce sont des applications qu'il nous faut.

Eh ! combien l'importance de ce principe doit être sentie aujourd'hui ! Combien ce qui nous arrive confirme la vérité de ce que j'écrivais avant l'événement ! Force est demeurée à l'autorité, grâces, surtout, à notre brave et sage garde nationale ; mais une législation autre que celle que nous avons, autre qu'une législation impuissante à force d'être parfaite, aurait donné le moyen, depuis un an, de réprimer une audace devenue de jour en jour plus criminelle. Le sang d'un seul coupable, versé justement, et à propos, aurait épargné le sang de milliers de Français aujourd'hui répandu dans les horreurs d'une guerre civile. Je dis de milliers, car Paris n'est pas toute la France, et la guerre du cloître Saint-Merry ne fait pas oublier celle de la Vendée.

Ajoutez à ce calcul le châtiment rigoureux, quoique lentement venu, que fait craindre le ressuscitement des conseils de guerre, et voyez combien de têtes au lieu de deux ou trois.

Paris en état de siége !… Je n'ai point à discuter cette mesure sous le rapport de sa légalité ou de sa nécessité. Je n'y puis voir qu'un résultat momentané de la rigueur par laquelle le gouvernement a dû répondre à l'action d'une force brutale tout à coup développée contre lui.

Mais cette répression momentanée nous répond-elle de l'avenir ? Où est la certitude, pour la France, qu'une fois rentrée dans les limites de la législation ordinaire, elle ne sera pas de nouveau livrée aux attaques des perturbateurs, et ne verra pas, de nouveau aussi, les conseils de guerre reparaître avec leur effrayant appareil ?

C'est une répression constante, immuable, que la France attend pour des agitations qui, par la nature des choses, doivent se perpétuer pendant de longues années.

L'entière liberté de la presse a permis les attaques funestes de ceux qui voulaient détruire ; elle permettra sans doute l'expression de la pensée, quelque hardie qu'elle soit, de ceux qui veulent consolider.

Eh bien ! c'est notre Charte, c'est notre loi fondamentale que je veux attaquer dans une de ses parties, pour sauver le reste.

Si, en 1830, la nation a eu le droit de retoucher la Charte de 1814, elle a le droit de retoucher en 1832 celle de 1830.

Je n'examine pas l'inconvénient de ce droit ; je parle de ce droit, en lui-même.

J'ai indiqué et j'indique de nouveau les abus de la presse, et la non répression de ces abus, comme la source de tout le mal.

La France n'aura de repos que lorsqu'on aura trouvé le secret de mesures propres, d'une part, à augmenter la responsabilité et la pénalité, et de l'autre, à assurer l'immuable action de la loi.

La pénalité, il en faut convenir, est souvent faible et plus souvent illusoire. Il y a plus d'un moyen d'empêcher que cela soit.

Quant à l'action de la loi, un puissant organe de l'autorité vient d'imprimer que « la législation actuelle suffit à tout » ; il s'est trompé.

Que la censure ne soit jamais rétablie, ainsi que l'ordonne l'article 7 de notre Charte, je le veux.

Qu'il ne puisse être créé ni commissions ni tribunaux extraordinaires, ainsi que le porte l'article 54, je le veux aussi, puisque la mise en état de siége et les conseils de guerre y suppléent en cas urgens.

Mais que, par l'article 69 et en vertu de la législation qui s'en est suivie, les délits de la presse et les délits politiques soient soumis au jury ; voilà ce

que je déclare hautement incompatible avec le
maintien de l'ordre et avec la sûreté du gouvernement, dans des circonstances données, dans celles
où se trouve la France.

J'ai montré les jurés, citoyens soumis comme le
reste de la population à toutes les impressions du
journalisme.

J'ai supposé le journalisme hostile, habile et per-
sévérant.

Voyez maintenant les conséquences possibles, et
tremblez :

Un délit de la presse, un délit politique est pour-
suivi devant les tribunaux.

Le jury est appelé à prononcer.

Je n'ai pas l'intention de parler ici de la tendance
générale des jurés à l'indulgence, ou, qui pis est, à
la faiblesse. Je ne veux parler non plus des menaces
de fer et de feu auxquelles ils sont en butte dans les
temps de révolution.

Mais, le hasard désigne les jurés. Or, il s'agit d'un
délit carliste ; si le sort amène des jurés carlistes, absolution. Il s'agit d'un délit républicain ; si le sort
amène des jurés républicains, absolution encore.
Le contraire arrive : des jurés d'une opinion sont
chargés, par le hasard, de juger des prévenus d'une

opinion différente ; à quelles rigueurs les haines politiques ne peuvent-elles pas alors donner lieu !

Notez bien que je n'attaque en rien les consciences ; j'envisage seulement les jurés comme soumis à l'irrésistible influence de leurs sentimens particuliers, et je n'ai que trop raison ; ainsi le veut la nature humaine.

Amenez-moi un homme qui condamne dans un autre, selon la rigueur des lois, des opinions ou des faits d'accord avec ses propres pensées, avec ses propres désirs ! Vous ne le trouverez pas ; c'est un Dieu devant lequel il faudrait se prosterner, ou un infâme que doit repousser toute âme honnête.

Ainsi, dans les circonstances où la France se trouve aujourd'hui, et pour long-temps encore, vous avez jeté l'injustice sur le banc des juges, au lieu de l'exacte justice que vous prétendiez y placer ! Le principe est bon ; l'application est momentanément funeste et subversive.

Pénalité réelle, et action réelle de la loi, voilà ce qu'il faut chercher.... Le problème n'est pas insoluble, et cent mille voix s'élèvent, comme la mienne, pour demander qu'il soit promptement résolu.

C. F.

8 juin 183.